하 · 늘 · 이 · 머 · 무 · 는 · 먼 · 곳 · 에

하늘이 머무는 먼 곳에

엮은이
·
베아테 보트

사진
·
라인홀트 쉐네문트
힐데 쾨르니히

옮긴이
·
박미애

서광사

하늘이 머무는 먼 곳에

1
하늘은 나와 함께 흐르고

푸른 하늘!
말을 건네면
대답하는 하늘.

나의 음악이
하늘까지 솟아오른다.

치페바스의 노래

호기심 많은 이들에게
가장 잘 던지는 질문,
땅도 없고 그 위에 아직 하늘도 없었을 때
나무도 산도 없고
별도 그 아무것도 없었을 때
태양도 빛나지 않고
달도 비추지 않고
아직 그 찬란한 바다도 생겨나지 않았을 때
끝도 경계도, 그 아무것도 없었을 때
오직 한 분
선능하신 하느님 계셨으니.

하느님은 성스럽고
하느님은 전능하시어,
니 하늘과 땅을 이루시고
너희 인간들에게 큰 축복을 내리시도다.

저에게 당신의 은총에 대한 믿음을,
선한 의지를,
현명함과 이성과 능력을 주시어
악을 멀리하고
당신의 의지를 이루게 하여 주소서.

베소브룬의 기도

하늘이 머무는 먼 곳에

하늘이 머무는 먼 곳에

너희들이 묻는다면 — 우리는 어디에서 왔습니까?
나는 대답하리 — 그것은 알 수 없노라고.
우리가 떠나온 저 강가의 기억은
빛처럼 꺼져 갔으나
태초에 하느님의 가리키시는 두 손 있었으니
우리를 가라 하시네.

너희들이 묻는다면 — 우리는 어디로 갑니까?
나는 대답하리 — 그것 역시 우리에게 감추어져 있다고.
하느님이 우리에게 손짓하시니,
우리가 그에게서 떠나온 것처럼
그렇게 확신에 가득 차서
그에게로 걸어가리라.

파울 슈타인뮐러 (Paul Steinmüller)

하늘이 머무는 먼 곳에

이제,
말씀하시는 신이여,
당신의 발로 나는 뛰어가고,
당신에 속한 사지로 걸으며,
당신의 육신을 옮긴다.
한 발자욱 한 발자욱;
내 생각하면, 당신의 정신이 생각하고,
내 말하면, 당신의 음성이 말하네.
나의 앞에도 아름다움,
나의 뒤에도 아름다움
나의 위아래로 노닐고, 미의 정신은
나는 그렇게 둘러싸여
아름다움에 흠뻑 젖네.
내 젊은 날 그를 알았듯이,
내 늙었음에
차분한 마음으로
그 아름다운 오솔길을
걸어가리.

나바호 족의 축도

오늘
저 하늘은
눈먼
녹슬은 거울,
입김어린 유리 속으로
납과 같이 창백한
하늘이 비치는구나.

윤기 없이 메마른 날!

… 찬란한 빛처럼
그렇게
기쁨도 사라지는구나 …

일로나 보덴(Ilona Bodden)

하늘이 머무는 먼 곳에

아직
아침 해는 떠오르고
어두운 밤, 아직
열리고 있구나.

놀랍다!
이 이른 새벽에 나는 다시 살아 있으니.
내 곁 가까이 느껴지는 숨소리에
나는 안심한다.
지구 위에 사람이 아직도 살고 있구나.
라디오 뉴스,
조그만 전쟁의 새로운 국면을 알려도
나는 침착하게 받아들인다.
인류의 실존은 아직도 계속되고 있구나.

매일매일 평화를 부르짖는 그들,
오늘은 아직 멸종되지 않았음을
저녁 신문에서 읽는다.

아직
아침 해는 떠오르고
어두운 밤, 아직
열리고 있구나.

볼프 비어만 (Wolf Biermann)

만년설 없는
산꼭대기조차
한여름에도
강림절을 느끼게 한다.
그가 예뻐하는 하얀 구름으로
하늘은 산기슭을 어루만지고
부드럽게 감싸안으니,
마치
화해의 기적이
다시 한번
이 가련한 한 조각 땅 위에
내리는 것 같구나.

데트레프 블록(Detlev Block)

밤은 천천히,
고목나무 가장자리에 걸쳐 두었던
옷으로 갈아입는다.
그대 보듯이 땅들이 갈라진다.
하늘로 솟아오르는 땅
밑으로 꺼져가는 땅.

그리고 그대를 그 어느 곳에도 소속시키지 않는다.
말없는 집처럼 그렇게 어둡시도 않고,
밤마다 별이 되어 솟아오르는
그 무엇처럼 그렇게 확실한 영원을 약속하지 않는다.

그리고
그대에게 (풀 수 없는) 삶을
두렵고 거대하고 성숙하게 만든다.
이제 그대의 삶은
때로는 경계 지우고 때로는 경계 허물며,
그대 속에 돌이 되어 구르고 별이 되어 솟아오른다.

라이너 마리아 릴케 (Rainer Maria Rilke)

하늘이 머무는 먼 곳에

신은
하늘이 조용한 호수에 비추이듯
고독과 평화 속에 투영되리.
그것이면 족하리,
영혼이 가라앉아 맑아져
그 수면 위로 신의 모습 떠오른다면.
우리는 신을 우리 내면에 받아들이려고
만들어진 그의 거울일 뿐.
물이 흐려진다 하여도
하늘은 그 속에 비취리니.

에르네스토 카르데날 (Ernesto Cardenal)

2
아침 햇살과 저녁 노을

높게 자란 풀숲 사이에 가만히 누워
오랫동안 눈길을 위로 보낸다.
매미는 쉬임없이 울어대고,
하늘 푸르름에 쾌적하게 둘러싸인다.

아! 아름답다.
하얀 구름은 잔잔한 꿈결처럼
깊은 푸름 속을 지나
어디론가 흘러가는구나.
나도 이미 오래 전에 죽어
한 점 구름이 되어
영원한 공간 속을
행복하게 따라 흘러간다네.

헤르만 알머스 (Hermann Allmers)

왜 우리는 신을 아직도 별들 뒤에서 찾는가?
그는 우리 자신보다 우리에게 더욱
가까이 있는데,
하늘은 천문학적으로 먼 우주 속의
어딘가가 아니다.
하늘은 사랑할 수 있는 가까움,
만질 수 있는 가까움이다.
그와 이야기할 수 있고,
같이 걸을 수 있고,
함께 살아갈 수 있기에.

카를로 카레토(Carlo Carretto)

위로,
숲들 뒤로는 파랗게
높은 산들이 있음을 너는 알고 있다.
오늘 단지
하늘은 잿빛이고
땅은 어두울 뿐.

구름 위로 무겁게
아름다운 별들이 떠 있음을 너는 알고 있다.
오늘 단지
그 금빛 찬란한 군단에서
아무도 보이지 않을 뿐.

그런데도 왜 너는 믿지 못하는가?
구름의 세계가 찰나의 입김으로
오늘 단지 영원을 가로막고 있음을.

오이겐 로트 (Eugen Roth)

하늘이 머무는 먼 곳에

네가 낮과 밤을 기쁘게 맞이할 수 있다면,
삶이 꽃과 향긋한 풀잎처럼 향기로울 수 있다면,
삶이 더욱 탄력있고 별처럼 풍부해져 영원해진다면—
그것은 너의 행운이리라.
모든 자연은 너를 축복하고,
너 스스로 행복하다 생각할 이유가
네게는 그리도 많구나.
최대의 이익, 지고의 가치는 가장 하찮게 여겨지는 법.
우리는 그리 쉽게 그것들이 존재한다는
사실을 의심하고,
그리 빨리 잊어버린다.
그것들은 그러나 최상의 현실.
아마도 인간은 가장 놀랍고도 실제적인 사실들을
같이 나눌 수 없는 듯하다.
매일매일 살아가는 진정한 수확은 여명의 빛,
황혼처럼 잡을 수도 묘사할 수도 없는 그 무엇이리.
나는 별들의 먼지 조금, 무지개 한 조각을
재빨리 움켜쥐었다.

헨리 데이비드 쏘로우(Henry David Thoreau)

하늘이 머무는 먼 곳에

찬란한 날에 감사하며
햇빛을 가만히 내 손 안에 감싸쥔다.
고맙구나, 삶이여.
내 손에서 펼쳐진 부채 같은 햇빛
맑고 투명한 물 같은 햇빛
선인장 같은 초록의 햇빛
백마 떼 몰려오듯 하얗게 부서지는 바다 같은 햇빛
태양으로 팽팽해진 하늘 같은 햇빛
손 안에서 성유(聖油) 같이 빛나는 햇빛.
아멘.

조지 캠벨(George Campbell)

랍비 슈멜케는
잠시라도 공부를 중단하지 않으려고
앉은 채로 잠자곤 하였다.
팔 위에 머리를 묻고
손가락들 사이에 타고 있는 등불을 들어
불꽃이 그의 손을 건드리면 깨어나도록 하였다.

랍비 엘리멜레히가 그를 방문하여
아직 가두어져 있는 그의 성덕의 힘을 알아차리고는
그에게 조심스럽게 쉴 수 있는 자리를 마련하여
잠시라도 눕도록 간곡히 간곡히 설득하였다.
랍비 슈멜케는 밝은 아침에야 일어났다.
그는 얼마나 오랫동안 잠들었는지 깨달았으나 후회스럽지 않았다.
이제껏 몰랐던, 태양 같은 명료함을 얻었으므로.
그는 회당으로 가서 습관대로 사람들을 위해 기도했다.
그들에게는 모든 것이 처음 듣는 것처럼 여겨질 성노도
그의 성덕의 힘은 모두를 압도하고 해방시켰다.
그가 홍해의 노래를 이야기하자,
그들은 왼쪽과 오른쪽으로 갈라진 파도에 적시지 않으려고
옷자락을 걷어올려야만 했다.
나중에 슈멜케는 엘리멜레히에게 말했다.
'잠자면서도 신에게 봉사할 수 있다는 것을
저는 이제야 알았습니다.'

마틴 부버 (Martin Buber)

하늘이 서로 갈라진 이래
나는 오른쪽으로
왼쪽으로 뛰어다닌다.
이미 까마귀떼가 자지한
그 모든 하늘들 속에
나를
자꾸만
자꾸만
나눈다.
바람에게 그것은 쉬운 놀이일 뿐이리.
나는 돌아가고 싶다.
뿌리를 찾아가는 나뭇잎처럼
하늘을 감싸안는 꽃잎처럼.

클라리아 하우스만 (Claria Hausmann)

하늘이 머무는 먼 곳에

한 날(日)이 다른 날에게 속삭였다.
나의 삶은
위대한 영원을 향한
여행이라고.
오! 아름다운 영원이여,
나의 가슴은
너에게 길들여져
현재에 안주하지 못하는구나.

게르하르트 텔스테겐(Gerhard Tersteegen)

나는 내가 곧 죽음을 안다.
그러나
모든 나무들은 오래 그리워하던
7월의 입맞춤을 향하여 반짝이는구나.

나의 꿈은 바래지고
나는 내 시집 속에서도
이보다 더 음울한 종말을
노래하지 않았다.

나에게 건네고자 꺾어내민 꽃 한송이
그것은 내가 싹틀 때부터 사랑한 것.
그러나
나는 내가 곧 죽음을 안다.

나의 숨결은 신의 강물 위에 떠다니고
살포시
영원한 안식처로 향한 오솔길로
발을 내디딘다.

엘제 라스크-쉴러 (Else Lasker-Schüler)

42
하늘이 머무는 먼 곳에

아장거릴 때부터
나는 줄타는 곡예사.
왼쪽으로 심연
오른쪽으로 심연
한 발자욱 한 발자욱마다
모험.

그러나
나의 가슴은 평안하리
나의 실존을 얽어맨 그물 있음에.
촘촘히 짜여지고
부드럽게 잡히며
찢어지지 않는 실존의 그물.

그레틀 초트만 (Gretl Zottmann)

하늘이 머무는 먼 곳에

3

영원이 머무는 곳

오늘
해 오르기 전 언덕 위에 올라
반짝이는 하늘을 바라보며,
내 영혼에 말을 건다.
우리가 이 우주를 지배하여
그 위의 모든 세세한 일까지
알게 되어 기뻐한다면,
우리는 충만하여 만족하는가?
내 영혼은 대답한다.
아니오.
우리가 오르는 것은 높은 곳을
뒤로 하기 위함이다.
높은 곳 저 너머에 영원이 있기에.

월트 휘트먼 (Walt Whitman)

하늘이 머무는 먼 곳에

바람 속에 펼쳐진 돛이 되라고
우리에게 요청한다.
매달리는 닻줄에
두 손 피흐르더라도
바람 머금은 돛인가,
바람 빠진 돛인가,
그것은 우리의 선택.
그러나
그 바람은
이 세상에서 불어오는 것이 아니다.
그것은
영원한 사랑의 숨결이리라.

아베 피에르(Abbé Pierre)

하늘이 머무는 먼 곳에

슬프디슬픈 눈으로
나의 아이는 말한다.
우리 집으로 가요.
말없이 환하게 켜진 등불을 바라보며,
젓가락을 내려놓고
금방 울어버릴 것 같은 표정으로
말한다,
우리 집으로 가요.
아빠도 엄마도 곁에 있고
먹을 것도, 밤을 위한 잠자리도 있다.
도대체
어디로 돌아가고 싶단 말이니, 아이야?

미노루 오키 (Minoru Oki)

가을이 벌써
거친 숨을 들판 위로 몰아쉴 때
새들이 전선 위에 모여들 때
아직 여름이냐고
아이는 묻는다.

아이는
자신의 여름꿈을,
춤과 화려한 초록의 놀이를
안개바람과 긴 긴 밤에게
넘겨주고 싶지 않아.
생성과 소멸이
마찬가지가 되는
오묘한 변화의 비밀을
아이는 아직 모르고 있구나.
기대 없이, 이별 없이
풀밭은 초록으로 물들고
풀밭은 시들어버린다.
날은 오고 다시 가고
머무는 것은 영원.

라이너 뢰켈라인 (Rainer Roeckelein)

하늘이 머무는 먼 곳에

무수한 별무리 흐르는 하늘
황홀한 빛으로 근심을 덮는다.
베개 속에 얼굴을 파묻지 않고
하늘을 올려다보며 운다.
여기, 울고 있는 자,
그의 꺼져가는 표정에서 벌써,
우리를 사로잡는 우주가 시작된다.
네가 그곳에 빠지든다 하여도
누가 그 흐름을 막을 수 있단 말인가?
깊은 숨을 쉬어라.
대지의 어둠을 들이쉬고
다시 올려다보아라!
다시.
가벼이 그리고 얼굴도 없이
위로부터 심연이 너에게 몸을 기댄다.
밤을 담뿍 머금은 풀어진 얼굴
네 얼굴에 공간을 마련한다.

라이너 마리아 릴케(Rainer Maria Rilke)

하늘이 머무는 먼 곳에

많은 하늘을 나는 보았다,
그러나 내가 보는 것은 언제나 하나의 하늘.
창문을 통해 그 하늘이 나의 병실로 떨어진다.
그것은 멀고먼 고귀한 세상의
아름다운 부름.

잠 못 이룬 긴 밤에 따르는 위안처럼
아침이면
하늘은 부드러운 침묵으로
거기 있다.
그의 장난기어린 예술가 의지는
태양의 화살에 불을 당긴다.

진홍빛으로 띠를 두르고
회색 족제비털을 머리 위에 쓴다.
티없이 하얀 깃털구름으로 만든
화려한 외투로 몸을 감싼다.

하늘은 내 가슴 속에서 영원히 식지 않으리!
수백 가지의 하늘,
그러나 그것은 언제나 새로운 하늘.
그가 쉬어가는 대지처럼
아름다운 자신에 늘 충실한 하늘.

요세프 바인헤버 (Josef Weinheber)

나는 먼 곳으로 데려가,
그곳에서 날려진 한 마리 우편 비둘기.
옛 고향의 그리움에 온 삶을 바쳐
쉴새없이 땅 구석구석 찾아다닌다.
피곤에 지쳐
이따금 땅에 떨어지면,
사람이 와서 들어올려
보살펴주고 길들이려 한다.
그러나
날 수 있음을 느끼면
새로이 날아가 버린다.
그리움을 채울 수 있는 유일한 항로로,
근원의 장소를 향한 피할 수 없는 항로로.

크리스티안 모르겐슈테른(Christian Morgenstern)

발걸음은 울타리 나즈막한 과수원으로 나를 이끈다.
내 어린 시절에도 종종 그곳으로 갔었지.
버팀목에 기대어 삶을 강요받은 늙은 사과나무 한 그루가 있었다.
잠시 동안 나는 그 그늘 속으로 들어갔다.
내가 다가가자 놀라 날아가버린 새들은
내 머리 위에서 소란스레 지저귀며 빙빙 돈다.
땅바닥에서 주워올린 조그만 가지가 손바닥을 간질이는 것을 느꼈다.
생전 처음 정말 실제적이고 확실한 것으로서
죽음을 생각하였다.
미풍 속에 흐느적거리는 미지근한 공기, 태양, 내 손 위의 나무 그림자,
이 모든 것들은 오직 죽음에 대해 이야기하는 것 같은데
나는 진정 이 순간까지 깨닫지 못하였구나.
어느 날인가
나의 심장은 마지막 한 번 고동치고는 더 이상 시달리지 않을 것이다.
그러면 바람은 나 아닌 다른 이를 위하여,
튼튼한 심장의 젊은이들을 위하여
나뭇가지 사이로 잔잔한 소리를 내며 지나가겠지.
그러나 오늘
나는 아무런 불안과 애통함 없이 이 목소리에 귀를 기울였다.
일러주기를 두려워하는 목소리.
이 여름날의 찬란한 빛 속에서도
모든 생명의 종말을 예언해 주었다.

줄리앙 그린 (Julien Green)

저는 빛을 믿습니다.
주여, 온누리에 당신이 같이하고 계심을 믿습니다.
하늘의 색채에도
시들은 나뭇잎에도
금작화의 나뭇가지에도
언덕의 그늘에도
그리고 모든 생물의 목소리에서도
당신이 현존함을 믿습니다.
주여, 이 시간은 제 영혼의 불멸성과 아울러
당신에 예속되어 있습니다.
당신은 제 침울의 깊이를 손으로 가늠하십니다.
당신은 모든 감정 속에 같이 계시고,
당신은 모든 감정 속에 같이 계시고,
저는 당신의 사랑의 율법에 복종합니다.
저는 빛을 믿습니다.

막스 볼리거 (Max Bolliger)

● 옮긴이에 대하여 ●

박미애는 연세대학교 독문학과를 졸업하고,
독일 아욱스부르크 대학에서 사회학, 심리학, 교육학을
연구하였으며 사회학 석사 학위를 받았다.
옮긴 책으로 ≪꿈의 노벨레≫(A. 슈니츨러, 자유 출판사, 1993),
≪동화 속의 남자와 여자≫(W. 카스트, 철학과 현실사, 1994),
≪어른이 되는 이야기≫(W. 카스트, 철학과 현실사, 1994) 등이 있다.

하늘이 머무는 먼 곳에

엮은이 · 베아테 보트
사진 · 라인홀트 쇄네문트, 힐데 쾨르니히
옮긴이 · 박미애

펴낸곳 · 서광사
펴낸이 · 김신혁
출판등록일 · 1977. 6. 30
출판등록번호 · 제 5-34 호
(130-072) 서울시 동대문구 용두 2 동 119-46
대표선화 · 924-6161 팩시밀리 · 922-4993

이 책은 Beate Both 엮음, Reinhold Schönemund와 Hilde Körnig 사진의
So weit der Himmel reicht (Wuppertal: Kiefel Verlag, 1982)를 번역한 것이다.

ⓒ 서광사, 1994

옮긴이와의 합의하에 인지는 생략합니다.

제 1 판 제 1 쇄 펴낸날 · 1995년 11월 10일
1 2 3 4 5 6 7 8 9 10 99 98 97 96 95

ISBN 89-306-5801-6 07850